MOMENTOS DE REFLEXÃO

Editora Appris Ltda.
1.ª Edição - Copyright© 2023 da autora
Direitos de Edição Reservados à Editora Appris Ltda.

Nenhuma parte desta obra poderá ser utilizada indevidamente, sem estar de acordo com a Lei nº 9.610/98. Se incorreções forem encontradas, serão de exclusiva responsabilidade de seus organizadores. Foi realizado o Depósito Legal na Fundação Biblioteca Nacional, de acordo com as Leis n⁰ˢ 10.994, de 14/12/2004, e 12.192, de 14/01/2010.

Catalogação na Fonte
Elaborado por: Josefina A. S. Guedes
Bibliotecária CRB 9/870

S462m
2023
	Seixas, Lígia Nascimento
	    Momentos de reflexão / Lígia Nascimento Seixas.
	- 1. ed. - Curitiba : Appris, 2023.
	    116 p. ; 21 cm.
	
	    ISBN 978-65-250-3855-1
	
	    1. Citações. 2. Mensagens. 3. Máximas. I. Título.
	
	                                                  CDD - 808.882

Editora e Livraria Appris Ltda.
Av. Manoel Ribas, 2265 – Mercês
Curitiba/PR – CEP: 80810-002
Tel. (41) 3156 - 4731
www.editoraappris.com.br

Printed in Brazil
Impresso no Brasil

LÍGIA NASCIMENTO SEIXAS

MOMENTOS DE REFLEXÃO

FICHA TÉCNICA

EDITORIAL
Augusto Vidal de Andrade Coelho
Sara C. de Andrade Coelho

COMITÊ EDITORIAL
Marli Caetano
Andréa Barbosa Gouveia (UFPR)
Jacques de Lima Ferreira (UP)
Marilda Aparecida Behrens (PUCPR)
Ana El Achkar (UNIVERSO/RJ)
Conrado Moreira Mendes (PUC-MG)
Eliete Correia dos Santos (UEPB)
Fabiano Santos (UERJ/IESP)
Francinete Fernandes de Sousa (UEPB)
Francisco Carlos Duarte (PUCPR)
Francisco de Assis (Fiam-Faam, SP, Brasil)
Juliana Reichert Assunção Tonelli (UEL)
Maria Aparecida Barbosa (USP)
Maria Helena Zamora (PUC-Rio)
Maria Margarida de Andrade (Umack)
Roque Ismael da Costa Güllich (UFFS)
Toni Reis (UFPR)
Valdomiro de Oliveira (UFPR)
Valério Brusamolin (IFPR)

SUPERVISOR DA PRODUÇÃO Renata Cristina Lopes Miccelli
ASSESSORIA EDITORIAL Débora Sauaf
DIAGRAMAÇÃO Renata C. L. Miccelli
CAPA Sheila Alves

À minha família, minha fonte de inspiração.

APRESENTAÇÃO

Em todos os momentos da vida, as palavras sempre influenciam nas tomadas de decisão. Muitas das vezes, uma palavra de incentivo funciona como um farol, iluminando a direção e renovando as energias para que você continue trilhando seu caminho.

As palavras certas, no momento certo, funcionam como um recomeço, uma nova chance de ser uma pessoa melhor, vitoriosa. As palavras possuem uma força extraordinária. Elas podem provocar muitos risos ou até mesmo choro, podem ferir ou curar, podem dar esperança ou causar desalento e além de tudo podem fortalecer ou destruir. Porém, muitas das vezes, para as palavras produzirem esses efeitos, elas precisam de sentimento quando são expressas. Logo, dependendo da forma como são mostradas, as palavras duras podem salvar vidas e as palavras bonitas podem não surtir o menor efeito.

Comecei a colecionar essas citações e não consegui mais parar. Quando percebi, precisava compartilhá-la com o mundo, não pude deixá-las guardadas para mim. Que as palavras deste livro possam afetar a vida de todos de uma forma positiva e encorajadora, assim como me afeta todos os dias.

"A gente sempre acha que colocando uma vírgula onde já existe um ponto final a história vai ser diferente.... Que tal iniciar outro capítulo?"
Tati Bernardi

"O futuro dependerá daquilo que fazemos no presente."
Mahatma Gandhi

"Tudo é possível, o impossível apenas demora mais."
Dan Brown

"Lute com determinação, abrace a vida com paixão, perca com classe e vença com ousadia, porque o mundo pertence a quem se atreve e a vida é muito bela para ser insignificante."
Charles Chaplin

"Nunca ande pelo caminho traçado, pois ele conduz somente até onde os outros já foram."
Alexander Graham Bell

"A grandeza da vida não consiste em não cair nunca, mas em nos levantarmos cada vez que caímos."
Nelson Mandela

"A vida ensina muitas coisas e entendi que, quando um homem se deixa vencer pela derrota, está renunciando à vida"
Roberto Baggio

"É fazendo que se aprende a fazer aquilo que se deve aprender a fazer."
Aristóteles

"Quando o desenvolvimento [de uma pessoa] alcança certo estágio, é vantagem para ela se perder num conjunto maior, aprender a viver pelos outros e esquecer-se de si própria em atividades dedicadas a outras pessoas. Somente assim passará a conhecer a si própria..."
Johann Wolfgang von Goethe

"Nos tornamos nós mesmos através dos outros"
Lev Semyonovich Vygotsky

"O medo é contagioso. O medo paralisa e acaba com as sociedades."
Betty Willians

"O importante não é o que fazem do homem, mas o que ele faz do que fizeram dele."
Jean-Paul Sartre

"O mais feliz dos felizes é aquele que faz os outros felizes."
Alexandre Dumas

"Na juventude deve-se acumular o saber. Na velhice, fazer uso dele."
Jean-Jacques Rousseau

"Você deve se levantar contra o mundo inteiro mesmo que esteja sozinho. Deve encará-lo mesmo que ele o olhe com ódio. Não tenha medo. Confie naquela pequena coisa que possui em seu coração..."
Mahatma Gandhi

"O medo é contagioso, mas a coragem também, sendo transmitida de pessoa para pessoa e ficando cada vez mais forte ao longo do caminho."
Betty Willians

"O que é necessário para mudar uma pessoa é mudar sua consciência de si mesmo."
Abraham Maslow

"Não quero rezar para me proteger dos perigos, mas para ser destemido ao encará-los. Não quero implorar para que me retirem a dor, mas para que tenha um coração que a possa conquistar."
Rabindranath Tagore

"Nenhum ser humano é uma ilha, ninguém vive somente para si."
John Donne

"O saber a gente aprende com os mestres e os livros. A sabedoria se aprende é com a vida e com os humildes."
Cora Coralina

"É bem melhor pensar sem falar, do que falar sem pensar."
Jô Soares

"Uma das lições com as quais eu cresci foi a de sempre permanecer verdadeiro consigo mesmo e nunca deixar que as palavras de alguém o distraia dos seus objetivos."
Michele Obama

"Avance diretamente pelo caminho correto. Não basta dar passos para que algum dia chegue a um objetivo; cada passo deve ser ele próprio o objetivo em si."
Johann Wolfgang von Goethe

"Acima de tudo, onde começam os direitos humanos? Nos locais pequenos, perto de casa. [...] Sem que haja a ação preocupada dos cidadãos para manter os direitos humanos perto de casa, será em vão ansiarmos que progridam pelo mundo."
Eleanor Roosevelt

"Ninguém nasce odiando o outro pela cor de sua pele, ou por sua origem, ou sua religião. Para odiar as pessoas precisam aprender, e se elas aprendem a odiar, podem ser ensinadas a amar."
Nelson Mandela

"A tarefa de viver é dura, mas fascinante."
Ariano Suassuna

"As pessoas trabalham torcendo para que a segunda-feira acabe e muitas vezes se esquecem de que a vida é aquela segunda-feira. E a vida não tem que acabar."
Clóvis de Barros Filho

"Um verdadeiro passo de avanço vale mais que mil passos imaginados."
Richard Coudenhove-Kalergi

"Continuo otimista, não por existir qualquer evidência de que o bem prosperará, mas por minha inabalável fé de que o bem deve prosperar no final"
Mahatma Gandhi

"O homem levanta-se por si só, e o Universo levanta-se por ele também."
Ralph Waldo Emerson

"Todos pensam em mudar o mundo, mas ninguém pensa em mudar a si mesmo."
Leon Tolstói

"Preciso dedicar minha vida por aqueles que não são vistos."
Puneh Ala`i

"As pessoas não se desenvolvem isoladas de seu ambiente, e as questões humanas são simplesmente um reflexo das pessoas."
Yoshida Shoin

"Não sofra uma vida de estagnação; ela ficará turva por ser privada de movimento."
Samuel Johnson

"Com comida em nosso estômago, nós, os refugiados, podemos sobreviver. Mas somente se recebermos alimento para a alma seremos capazes de prosperar."
Yusra Mardini

"A convicção em si mesmo é indispensável para sua luta por um mundo melhor!"
Paulo Freire

"E o momento apropriado para agir? O momento é inevitavelmente agora. Só pode ser agora. 'A verdade não tem uma época especial'. A época certa é quando a situação parece a menos propícia."
Norman Cousins

"Nenhuma estrada é longa demais para aquele que viaja devagar e sem pressa: nenhuma recompensa fica muito distante para aquele que se prepara para ela com paciência."
Jean de La Bruyère

"É importante lembrar que reprimir o que sentimos nunca vai ser uma solução. Não precisamos não sentir ou evitar as emoções, mas aceitar que elas existem e estão juntas de nós."
Nathalia Roberto

"Nenhum homem precisa temer a morte; a única coisa que ele deve temer é morrer sem ter conhecido seu maior poder — a força de sua determinação de dar a vida pelos outros."
Norman Cousins

"Percebi que na minha vida, quando as coisas estavam indo muito bem, era porque havia realmente chegado o momento de antecipar os problemas. E aprendi da mesma forma por uma experiência amarga, porém agradável que na crise mais desesperadora, quando tudo parecia perdido, alguma 'mudança' agradável estava à espreita logo adiante."

Amélia Earhart

"Sucesso é uma questão de não desistir."

Walter Burke

"Faça sempre o que é correto, mesmo que não seja o mais popular."

Manuel Esquivel

"Para a pessoa invejosa, não há nada mais prazeroso que a infelicidade dos outros, nem nada mais desagradável que a prosperidade dos demais."

Benedito Spinoza

"Somos a qualquer momento a soma de todos os nossos momentos, o produto de todas as nossas experiências."

A. A. Mendilow

"Em um diálogo não há a tentativa de fazer prevalecer um ponto de vista particular, mas a de ampliar a compreensão de todos os envolvidos."
David Bohm

"Uma forma eficiente de ajudar a si mesmo é ajudar os outros. [...] Fortalecer os relacionamentos é uma forma particularmente eficaz de aprimorar a resiliência."
Steven M. Southwick e Dennis S. Charney

"Otimismo é esperança. Não é ausência de sofrimento. Não é ser sempre feliz e realizado. É a convicção de que, embora se possa falhar ou ter uma experiência dolorosa em algum momento ou em algum lugar, se pode tomar medidas para mudar as coisas."
Martin Seligman

"Se temos de esperar, que seja para colher a semente boa que lançamos hoje no solo da vida. Se for para semear, então que seja para produzir milhões de sorrisos, de solidariedade e amizade."
Cora Coralina

"...quanto mais me ocupo, mais saudável fico." "Adoecemos quando não temos o que fazer. É bom estarmos ocupados em algo que seja útil aos outros..."
Elsie Tu

"Toda glória conquistada na guerra é glória infernal. ...
Jamais devemos repetir o erro
Jamais devemos ser enganados outra vez por falsas palavras. ...
A guerra não traz felicidade a ninguém. ...
A menos que a raça humana acabe com a guerra,
A guerra dará um fim à raça humana."
Choue Young Seek

"Não temos toda a eternidade para descansar? Por que vocês procuram descansar enquanto vivem?' Essas são, de fato, palavras veneráveis. Quando os jovens realmente se dedicam, seu verdadeiro brilho é irradiado."
Robert Arnauld

"O verdadeiro modo de crescer é aspirar além de nossas limitações, tendo um sublime desejo de coisas grandiosas e empenhando-se para alcançá-las."
Helen Keller

"Quando se perde a riqueza, nada se perde. Quando se perde a saúde, algo se perde. Quando se perde a personalidade, perde-se tudo!"
Ditado alemão

"O ser humano se torna eu pela relação com o você, à medida que me torno eu, digo você. Todo viver real é encontro."
Martin Buber

"Um dia vocês poderão me ver jogando uma partida com 50 anos. Não riam. Nunca digam nunca porque os limites, os medos, são apenas uma ilusão."
Michael Jordan

"Impossível é uma escusa para os covardes."
Napoleão Bonaparte

"Eu costumava pensar que a música trazia felicidade e que tinha o poder de mudar o coração das pessoas. Mas hoje sei que o desenvolvimento pessoal é a fonte para criar uma música melhor e mais comovente. Continuarei a fazer o máximo para o desenvolvimento da música ao mesmo tempo em que aprimoro o espírito de aprender sinceramente o que é ser verdadeiramente humano."
Herbie Hancock

"Se os políticos tivessem de ir para a guerra
Eles escolheriam uma outra forma de
resolver a situação.
A paz não vem fácil, dizem eles.
Mas a guerra é muito mais fácil –
fácil de se converter em lucros,
fácil de se acreditar que não há escolha,
muito fácil de se sacrificar
os filhos de outrem."
David Krieger

"É a bondade que torna as pessoas mais fortes e que as transforma nas melhores amigas."
George Sand

"É tão fácil ser nobre quando se está com os nobres."
Ralph Waldo Emerson

"Fique com pessoas mesquinhas e você pensará que a vida é mesquinha."
Ralph Waldo Emerson

"No momento em que sentirem que 'não dá mais', tentem dar mais passo para frente. O importante é a força espiritual de suportar e de tentar mais uma vez!"
Taihō Kōki

"Minha própria vida se tornou minha diversão e nunca deixou de ser original."
Henry David Thoreau

"Civilização é, antes de mais nada, o desejo de viver em comunhão."
José Ortega y Gasset

"Quem vence infalivelmente é aquele que tomou a decisão de vencer."

Leon Tolstói

"Se estás triste, chore. Chore até suas lágrimas lavarem toda a sua dor."

Ditado popular

"Raramente você tem uma segunda chance de causar uma boa primeira impressão."

Robert Wong

"As grandes ideias criam grandes pessoas."

Giuseppe Mazzini

"Não existe inverno no reino da esperança."

Provérbio russo

"Só a revolução humana pode desterrar nosso potencial interior e fazer-nos sentir integralmente o que somos realmente, de modo a nos comportarmos condignamente; só ela pode nos mostrar como utilizar nossos computadores e satélites, nossas máquinas e instrumentos, nossos reatores nucleares e aparelhos eletrônicos, para melhor comungar com nossos irmãos e com todo o nosso Universo. Só essa revolução nos pode fazer ver o quanto é importante sobreviver para ter uma vida digna de se viver, tanto pelo simples prazer de viver, quanto para preparar de modo responsável e compassivo o caminho para as gerações que virão depois de nós."

Aurelio Peccei

"Eu desafiarei a mim mesmo, então, por favor, desafie você também."

Mahatma Gandhi

"Nesta longa jornada, tornamo-nos nossos próprios mestres. Não há como fugir disso. Temos de vencer por nós próprios."

Katherine Mansfield

"Aquele que pisa na infelicidade eleva-se."

Friedrich Hölderlin

"Fica decretado que o homem
não precisará nunca mais
duvidar do homem.
Que o homem confiará no homem
como a palmeira confia no vento,
como o vento confia no ar,
como o ar confia no campo azul do céu.
O homem confiará no homem como um
menino confia em outro menino."

Thiago de Mello

"Como é possível conhecer a si mesmo? Jamais pela contemplação. Na verdade, somente pela ação. Procure cumprir seu dever, e você saberá definitivamente o que há em você. O mais importante é a ação, é dar o primeiro passo. Se almejam atravessar a nado um vasto oceano, não adianta ficarem desencorajados na praia antes mesmo de se arriscarem; em vez disso, devem pôr-se em movimento e manter os olhos fixos na meta distante. A reflexão pode ter valor para o próprio crescimento, mas dar-se por vencido antes de tentar é uma derrota."

Johan Wolfgang von Goethe

"Que legado vocês deixarão quando morrerem? Naturalmente, poderão deixar coisas como florestas, casas e estradas — todas elas excelentes legados. Mas o melhor legado é deixar excelentes sucessores."

Doktobolot Abdumomunov

"O que fazemos para as crianças, no futuro frutificará cem vezes mais [...]. Vamos plantar as sementes da justiça e as sementes da alegria na vida desses jovens."
Victor Hugo

"O ser humano perde sua dignidade se a vende. Perde-a também se não respeita a dignidade do próximo."
Arnold Toynbee

"Quando alguém está se afogando, não basta ficar ao seu lado e dizer que alguém deveria pular e salvá-lo."
Karel Capek

"Um cão grato é melhor do que um homem ingrato."
Saadi de Xiraz

"O dia sempre será dessa pessoa que se dedica, com um espírito sereno, a grandes ideais. Os que são considerados instáveis se aglomeram ao redor daquele que possui uma mente conduzida pela verdade, assim como as carregadas ondas do Atlântico seguem a lua."
Ralph Waldo Emerson

"A violência faz coisas que jamais podem ser reparadas; além disso, a matança é algo irreversível."

Jan Øberg

"O reconhecimento da dignidade da vida de cada indivíduo é a principal e única base para toda moralidade."

Leon Tolstói

"Nada é tão extraordinário nos 100 bilhões de neurônios que a capacidade deles de converter pensamentos, esperanças, ideias e atitudes em substâncias químicas. Tudo começa, portanto, com a crença. O que acreditamos é a opção mais poderosa para tudo."

Norman Cousins

"Seja insatisfeito com o eu de ontem". "Essas palavras aconselham a viver com o espírito de que hoje não se é mais a mesma pessoa de ontem, que se muda todos os dias. Cada dia é uma partida, um desafio. Nesse tipo de vida, a negligência e a força do hábito não podem existir. Cada dia é uma séria batalha de vitória ou derrota — repleta de criatividade, uma nova exploração e descoberta."

Morikawa Kyoriku

"O reconhecimento da dignidade da vida de cada indivíduo é a principal e única base para toda moralidade."

Leon Tolstói

"O ser humano é eternamente jovem quando empenha toda a sua alma e avança para realizar o ideal de sua vida."

Natalia Satz

"Viva o presente. Reverencie cada dia. Ame o presente, respeite o presente..."

Romain Rolland

"Um galo sozinho não tece a manhã: ele precisará sempre de outros galos."

João Cabral de Melo Neto

"Não existe verdadeira inteligência sem bondade."

Ludwig van Beethoven

"Um único momento é decisivo. Determina a existência do homem e estabelece seu destino. 'Esse momento' é o instante em que os senhores decidem do fundo de seu coração: 'Hei de me levantar agora e lutar!'"

Johann Wolfgang von Goethe

"A chama cintilante que reside nas crianças é a luz que iluminará o futuro."
Victor Hugo

"A vida é uma pedra de amolar: desgasta-nos ou afia--nos, conforme o metal de que somos feitos."
George Bernard Shaw

"Minha religião é servir às pessoas e trabalhar em prol delas. Não estou preocupado com o futuro."
Mahatma Gandhi

"As pessoas manipulam a natureza. Elas não se sentem parte do meio ambiente."
Anita De Blasis

"Quando uma pequenina pedra é lançada num lago, as ondas viajam amplamente, a partir do centro. Embora elas se tornem menos poderosas, não desaparecem completamente. Cada pessoa tem o poder de criar ondas que transformem a sociedade. Se esses esforços forem concentrados e canalizados pelas ONGs, inevitavelmente crescerá o poder de influenciar a sociedade... Se nos unirmos, podemos transformar o mundo. Pode levar algum tempo, mas visto de uma perspectiva a longo prazo, as pessoas acabarão vitoriosas..."
Joseph Rotblat

"A pé e de coração leve
eu enveredo pela estrada aberta,
saudável, livre,
o mundo à minha frente.
[...]
Daqui em diante
não peço mais boa sorte,
boa sorte sou eu."

Walt Whitman

"Nós geralmente descobrimos o que fazer percebendo aquilo que não devemos fazer. E provavelmente aquele que nunca cometeu um erro nunca fez uma descoberta."

Samuel Smiles

"Aprendi através da experiência amarga a suprema lição: controlar minha ira e torná-la como o calor que é convertido em energia. Nossa ira controlada pode ser convertida numa força capaz de mover o mundo."

Mahatma Gandhi

"O esforço só é realmente compensador quando uma pessoa se recusa a desistir."

Napoleon Hill

"Temos de compreender que em algum lugar ao longo do caminho tomamos a direção errada. A humanidade como um todo está mais rica do que jamais foi. Desfrutamos uma prosperidade incomparável e mais tempo de lazer. Mesmo assim, algo básico e indefinível está faltando. Nosso próprio sentimento como seres humanos está se tornando cada vez mais raro. Perdemos algo que era uma de nossas misteriosas prerrogativas."

Antoine Saint-Exupéry

"As pessoas não existem simplesmente; elas existem para se desenvolver."
Chogyu Takayama

"As religiões são caminhos diferentes convergindo para o mesmo ponto. Que importância faz se seguimos por caminhos diferentes, desde que alcancemos o mesmo objetivo?"

Mahatma Gandhi

"O homem é mortal por seus temores e imortal por seus desejos."

Pitágoras de Samos

"Um homem não pode fazer o certo numa área da vida, enquanto está ocupado em fazer o errado em outra. A vida é um todo indivisível."

Mahatma Gandhi

"O homem vale tanto quanto o valor que dá a si próprio."
François Rabelais

"A alegria está na luta, na tentativa, no sofrimento envolvido. Não na vitória propriamente dita."
Mahatma Gandhi

"Toma conselhos com o vinho, mas toma decisões com a água."
Benjamim Franklin

"Todos os erros humanos são impaciência, uma interrupção prematura de um trabalho metódico."
Franz Kafka

"A violência destrói o que ela pretende defender: a dignidade da vida, a liberdade do ser humano."
João Paulo II

"Quanto mais você racionaliza, menos você cria."
Raymond Chandler

"A não-violência e a covardia não combinam. Posso imaginar um homem armado até os dentes que no fundo é um covarde. A posse de armas insinua um elemento de medo, senão mesmo de covardia. Mas a verdadeira não-violência é uma impossibilidade sem a posse de um destemor inflexível."

Mahatma Gandhi

"A vida não consiste em ter boas cartas na mão e sim em jogar bem as que se tem."

Josh Billings

"Os princípios mais importantes podem e devem ser inflexíveis."

Abraham Lincoln

"Nada é tão nocivo para os povos do que darem-se por satisfeitos com meras palavras e aparências."

François Guizot

"É muito mais honrado erguer-se a lutar mesmo tendo que correr o risco do insucesso, do que unir-se aos pobres de espírito que não perdem e não vencem e por isso acabam morrendo sem viver."

Anônimo

"O homem superior é impassível por natureza: pouco se lhe dá que o elogiem ou censurem — ele não ouve senão a voz da própria consciência."

Napoleão Bonaparte

"A preocupação deveria levar-nos à ação e não à depressão."

Karen Horney

"Os males de que padece o ser humano, em seu maior número, vêm dele mesmo."

Caio Plínio Segundo

"Todo erro se apoia numa verdade da qual se tem abusado."

Whillein Bousset

"A verdadeira liberdade é um ato puramente interior, como a verdadeira solidão: devemos aprender a sentir-nos livres até num cárcere, e a estar sozinhos até no meio da multidão."

Massimo Bontempelli

"Primeiro aprenda a ser um artesão. Isso não impedirá você de ser um gênio."

Eugene Delacroix

"Erros são, no final das contas, fundamentos da verdade. Se um homem não sabe o que uma coisa é, já é um avanço do conhecimento saber o que ela não é."
Carl Jung

"Nenhuma pergunta é tão difícil de se responder quanto aquela cuja resposta é óbvia."
George Bernard Shaw

"Quem já esteve na Lua já não tem mais metas na Terra."
Edwin Aldrin

"Apenas uma guerra é permitida à espécie humana: a guerra contra a extinção."
Isaac Asimov

"Uma vez que programamos nossa mente para fazer algo e nos dedicamos resolutamente, todas as circunstâncias negativas ao nosso redor e limitações caem por terra."
Hellen Keller

"As pessoas que não avançam retrocedem... Aqueles que param de crescer já estão em declínio... Portanto, viver é triunfar incessantemente."
Henri Frédéric Amiel

"Aquele que não pode perdoar destrói a ponte sobre a qual ele mesmo deve passar."
George Herbert

"O improviso é importante na novela e na vida."
Fernanda Montenegro

"As reticências são os três primeiros passos do pensamento que continua por conta própria o seu caminho."
Mário Quintana

"As pessoas trabalham torcendo para que a segunda-feira acabe e muitas vezes se esquecem de que a vida é aquela segunda-feira. E a vida não tem que acabar."
Clóvis de Barros Filho

"A nossa sorte não se encontra fora de nós, mas antes em nós mesmos e em nossa vontade."
Julius Grosse

"O silêncio que aceita o mérito como a coisa mais natural do mundo constitui o mais retumbante aplauso."
Ralph Waldo Emerson

"Não é o ambiente que modifica um ser humano, mas as forças interiores do indivíduo."

Hellen Keller

"Se eu tivesse dado ouvidos a todos os que me disseram 'Não é possível fazer isso', jamais teria realizado algo. Então, sempre respondo: 'Não me diga que não pode ser feito. Diga-me como posso fazê-lo'."

Armand Hammer

"Aprimoramento de si mesmo e de outros — eis o primeiro propósito e a esperança maior de todas as reformas, de todas as mudanças sociais."

Giuseppe Mazzini

"Transformai uma árvore em lenha que ela arderá; mas, a partir de então, não dará mais flores, nem frutos."

Rabindranath Tagore

"Se choras porque não consegues ver o Sol, as tuas lágrimas impedir-te-ão de ver as estrelas."

Rabindranath Tagore

"Se perseverar em seu objetivo original, como indivíduo, você poderá mudar a situação."

Armand Hammer

"Minhas raízes estão firmes neste solo; por isso, minhas flores são tão belas."

Johann Wolfgang von Goethe

"Nós crescemos quando desafiamos a nós próprios."

Valentina Tereshkova

"A vida é uma luta contínua de melhoria e progresso. Portanto, vamos lutar juntos, nunca descansando sobre os louros, mas sempre levantando metas mais elevadas para nós mesmos."

Romain Rolland

"Há sempre um novo horizonte para as pessoas que olham para a frente."

Hellen Keller

"A virtude religiosa fundamental é a sinceridade."

Alfred North Whitehead

"Se deseja continuar a criar, devem criar a mudança. Viver é uma aventura e um desafio."

Miles Davis

"As pessoas que vencem neste mundo são as que procuram as circunstâncias de que precisam e, quando não as encontram, as criam."

Bernard Shaw

"Um ser humano que mora no planeta deve promover todas as ações possíveis no local em que mora neste momento. São essas as palavras que quero dedicar a todos vocês. Ser ou não cidadão global é determinado pelo coração que se tem. É definido pelas ações do nosso dia a dia. Essa é a ideia do *think globally, act locally*, que significa 'pensar globalmente, agir localmente'."

Hazel Henderson

"As boas ideias vêm do inconsciente. Para que uma ideia seja relevante, o inconsciente precisa estar bem-informado."

David Ogilvy

"Uma gargalhada funciona como um remédio para o corpo."

Immanuel Kant

"O mundo todo é um palco, e todos os seres humanos são meros atores."

William Shakespeare

"Um certo homem que estava aprendendo a atirar fez pontaria no alvo com duas flechas nas mãos. Seu mestre disse:
– Um iniciante não deve segurar dois arcos. Isto o fará confiar no segundo arco e ser menos cuidadoso com o primeiro. Cada vez que você atira não deve pensar em atingir ou errar o alvo, mas fazer desta uma flecha decisiva."

Yoshida Kenko

"Não tenho nenhuma intenção de morrer enquanto puder trabalhar. Consequentemente, com certeza viverei bastante." "Tenho uma missão que devo cumprir. Enquanto tiver uma missão, não tenho necessidade de morrer; é impossível que eu possa morrer."

Albert Schweitzer

"Fracassar é parte crucial do sucesso. Toda vez que você fracassa e se recupera, exercita perseverança, que é a chave da vida. Sua força está na habilidade de se recompor."

Michelle Obama

"O verdadeiro progresso humano não se conquista numa grande escala. Ele somente ocorre no nível individual."

Carl Hilty

"Os heróis anônimos, às vezes, são melhores do que os ilustres."

Victor Hugo

"Nossas mentes são como paraquedas: só funcionam se estiverem abertas."

Ruth Noller

"Parece que a vida não é fácil para nenhum de nós. Mas qual a razão disso? Devemos ser perseverantes e, acima de tudo, confiar em nós mesmos. Devemos crer que temos talento para alguma coisa e que isso, seja qual for o preço, deve ser alcançado. Talvez tudo acabe muito bem no momento em que menos estivermos esperando."

Marie Curie

"Uma religião que não leva em conta as questões práticas e não ajuda a solucioná-las não é religião."

Mahatma Gandhi

"Eu tenho certeza que o que focamos é no que nos tornamos. Transforme-se na mudança que você deseja ver – essas são palavras em que baseio a minha vida."

Oprah Winfrey

"Ser livre não é apenas quebrar as próprias correntes, mas viver de uma maneira que respeite e aumente a liberdade dos outros."

Nelson Mandela

"Minhas invenções são fruto de 1% de inspiração e 99% de transpiração."

Thomas Alva Edson

"Eu sou eu e minha circunstância, e se não a salvo, também não me salvo."

José Ortega y Gasset

"A escuridão não pode obstruir o avanço de um espírito invencível."

Helen Keller

"Tudo que nasce tende a morrer para que a vida continue. É porque sabemos que vamos morrer que temos urgência de viver."

Viviane Mosé

"Não é a morte que me importa, porque ela é um fato. O que me importa é o que eu faço da minha vida enquanto minha morte não acontece, para que essa vida não seja banal, superficial, fútil, pequena."

Mario Sergio Cortella

"Se estou mergulhando em uma situação, mentalizo que vou ser bem-sucedido. Não fico imaginando o que vai acontecer se eu fracassar."

Michael Jordan

"Sou um homem de causas... vivi sempre pregando, lutando, como um cruzado, pelas causas que comovem. Elas são muitas, demais: a salvação dos índios, a escolarização das crianças, a reforma agrária, o socialismo em liberdade, a universidade necessária. Na verdade, somei mais fracassos que vitórias em minhas lutas, mas isso não importa. Horrível seria ter ficado ao lado dos que venceram nessas batalhas."

Darcy Ribeiro

"A questão essencial não é o quanto ocupado você está, mas sim com o que você está ocupado."

Oprah Winfrey

"Eu sou aquela mulher
a quem o tempo muito ensinou.
Ensinou a amar a vida
e não desistir da luta,
recomeçar na derrota,
renunciar a palavras
e pensamentos negativos.
Acreditar nos valores humanos
e ser otimista."

Cora Coralina

"Aprendi que vai demorar muito para me transformar na pessoa que quero ser, e devo ter paciência. Mas aprendi também que posso ir além dos limites que eu próprio coloquei."

Charles Chaplin

"Algumas pessoas querem que algo aconteça, outras desejam que aconteça e outras fazem acontecer."

Michael Jordan

"Há muito mais valor em procurar as virtudes do que os defeitos dos outros. Não se ganha nada apontando as imperfeições das pessoas."

Daisaku Ikeda

"Bravo não é quem sente medo, é quem o vence."
Nelson Mandela

"A vida vale a pena quando você torce para ela não acabar."
Clóvis de Barros Filho

"Você nunca achará o arco-íris, se você estiver olhando para baixo."
Charles Chaplin

"Só percebemos a importância da nossa voz quando somos silenciados."
Malala Yousafzai

"Tudo quanto vejo é com olhos desenganados. Talvez por isso vejo as coisas como são e não como se mostram. Porque o desengano tem virtude e força para arrancar da formosura o véu cadente e mentiroso de que o teatro da vida se compõe."
Mathias Aires

"Crie a melhor, a mais grandiosa visão possível para sua vida, porque você se torna aquilo que você acredita."
Oprah Winfrey

"O otimista é um tolo. O pessimista, um chato. Bom mesmo é ser um realista esperançoso."

Ariano Suassuna

"A vida é uma tarefa que não pode ser dividida com ninguém."

Rachel de Queiroz

"Inteligência é a capacidade de se adaptar à mudança."

Stephen Hawking

"Palavras amáveis não gastam a língua."

Provérbio liberiano

"Tenho duas armas para lutar contra o desespero, a tristeza e até a morte:
o riso a cavalo e o galope do sonho. É com isso que enfrento essa dura e fascinante tarefa de viver."

Ariano Suassuna

"As pessoas têm direito a dizer o que querem – é um direito constitucional. Eu só me ofendo quando eu concordo com elas. Ataque é veneno. Veneno só funciona se eu tomar."

Leandro Karnal

"Maravilhas nunca faltaram ao mundo; o que sempre falta é a capacidade de senti-las e admirá-las."

Mario Quintana

"Gente não nasce pronta e vai se gastando; gente nasce não-pronta e vai se fazendo."

Mario Sergio Cortella

"Quando não se tem aquilo que se gosta é necessário gostar-se daquilo que se tem."

Eça de Queiroz

"Seria de fato uma infelicidade vocês terem nascido numa nova, tempestuosa e turbulenta época? Não é esta, na verdade, sua boa sorte? Infortúnios fortalecem os verdadeiros heróis."

Herman Hesse

"Paciência e perseverança também são essenciais para qualquer negociador de sucesso."

Sir Harold Nicolson

"Nas asas da tempestade, meu espírito voa para a alegria suprema da vida."

Friedrich Hölderlin

"Não importa quanto a vida possa ser ruim, sempre existe algo que você pode fazer, e triunfar. Enquanto há vida, há esperança."
Stephen Hawking

"Paixão genuína, determinação, esperança e comprometimento são encontrados somente na juventude."
Richard Coudenhove-Kalergi

"A glória pertence àqueles que olham para frente, não para trás."
José Marti

"O ferro é temperado pelo fogo, e as pessoas são forjadas pela adversidade."
Provérbio oriental

"Pessoas quietas possuem mentes barulhentas."
Stephen Hawking

"Elogie em público e corrija em particular. Um sábio orienta sem ofender, e ensina sem humilhar."
Mario Sergio Cortella

"A vida é curta, viva. O amor é raro, aproveite. O medo é terrível, enfrente. As lembranças são doces, aprecie."

Caio Fernando Abreu

"Estou me afastando de tudo que me atrasa, me engana, me segura e me retém. Estou me aproximando de tudo que me faz completo, me faz feliz e que me quer bem."

Caio Fernando Abreu

"O valor supremo e imutável é a existência de 'uma pessoa'. Todo o resto é passageiro, cujo valor não passa de algo relativo que vai se modificando de acordo com as circunstâncias."

Austregésilo de Athayde

"Não importa quanto vá durar – é infinito agora."

Caio Fernando Abreu

"A força da saúde que se fortalece incessantemente nasce da ação desprovida de egoísmo dedicada a um grande objetivo."

Carl Hilty

"A vida nos é dada para que possamos ser felizes."

Leon Tolstói

"Curvar-se para outra pessoa não deixa ninguém mais baixo."

Provérbio nigeriano

"Não se queixe porque a roseira tem espinhos; alegre-se porque o espinheiro tem rosas."

Provîrbio ãrabe

"Eu fiz um acordo com o tempo... Nem ele me persegue, nem eu fujo dele... Qualquer dia a gente se encontra e, dessa forma, vou vivendo intensamente cada momento."

Mário Lago

"Sem sofrimento, o crescimento espiritual não pode acontecer. Sofrimento é também uma condição útil e benéfica da vida."

Leon Tolstói

"O ferro, quanto mais se usa, mais brilhante fica. Quando não, enferruja."

Provérbio turco

"Você pode ter tudo. Só não pode ter tudo de uma vez."

Oprah Winfrey

"O sorriso é a arma mais forte na batalha da vida."
Provérbio ganês

"As quatro coisas que não voltam para trás: a pedra atirada, a palavra dita, a ocasião perdida e o tempo passado."
Anônimo

"Quem racha sua própria lenha se aquece duas vezes."
Provérbio malawiano

"O tempo é um dos grandiosos mistérios da vida e quão prazeroso é decifrá-lo e desfrutá-lo através de nossas memórias."
Ricardo Shin-iti Miyamoto

"O tempo perdido não se reencontra nunca."
Benjamin Franklin

"Seja roubando uma laranja ou diamantes, um ladrão é sempre um ladrão."
Provérbio nigeriano

"Respeitar a opinião dos outros é o caminho para se tornar uma pessoa sábia."
Zhuge Liange

"As coisas mudam no devagar depressa dos tempos."
João Guimarães Rosa

"Não desistimos, não nos escondemos, não corremos. Nós suportamos e conquistamos."
Kobe Bryant

"O tempo é o único bem totalmente irrecuperável. Recupera-se uma posição, um exército e até um país, mas o tempo perdido, jamais."
Napoleão Bonaparte

"Três aspectos têm a marcho do tempo: o futuro aproxima-se hesitante, o agora voa como seta arremessada agora, o passado fica eternamente imóvel."
Friedrich Schiller

"Na convivência, o tempo não importa.
Se for um minuto, uma hora, uma vida.
O que importa é o que ficou deste minuto,
desta hora, desta vida...
Lembra que o que importa
... é tudo que semeares colherás.
Por isso, marca a tua passagem,
deixa algo de ti,...
do teu minuto,
da tua hora,
do teu dia,
da tua vida."
Mário Quintana

"A vida já é curta e nós a encurtamos ainda mais desperdiçando o tempo."
Victor Hugo

"As pessoas comuns preocupam-se apenas em passar o tempo; quem tem um talento para alguma coisa, em utilizá-lo."
Arthur Schopenhauer

"O tempo não para! Só a saudade é que faz as coisas pararem no tempo."
Mário Quintana

"Domar o tempo não é matá-lo, é vivê-lo."
Afonso Arinos de Melo Franco

"O tempo é algo que não volta atrás. Por isso plante seu jardim e decore sua alma, ao invés de esperar que alguém lhe traga flores."
William Shakespeare

"Seiscentos e Sessenta e Seis
A vida é uns deveres que nós trouxemos para fazer em casa.
Quando se vê, já são 6 horas
Quando se vê, já é sexta-feira
Quando se vê, se passaram 60 anos
Agora, é tarde demais para ser reprovado
E se me dessem – um dia – uma outra oportunidade, eu nem olhava o relógio.
Seguia sempre, sempre em frente.
E iria jogando pelo caminho a casca dourada e inútil das horas."
Mário Quintana

"Amo como ama o amor. Não conheço nenhuma outra razão para amar senão amar. Que queres que te diga, além de que te amo, se o que quero dizer-te é que te amo?"
Fernando Pessoa

"Dizem que tudo passa e o tempo duro tudo esfarela."
Ariano Suassuna

"Todos estamos matriculados na escola da vida, onde o mestre é o tempo."
Cora Coralina

"Ah! Que bom é ser como o sol da manhã na juventude e como o sol poente na velhice!"
Chogyu Takayama

"Quem teve a ideia de cortar o tempo em fatias, a que se deu o nome de ano, foi um indivíduo genial."
Carlos Drummond de Andrade

"Quanto mais tempo vivemos, mais difícil fica lembrar das experiências dolorosas. À medida que o tempo passa, as cores dos eventos em nossa vida vão enfraquecendo e tudo, os momentos mais alegres e os mais tristes, começa a desaparecer de nossa memória."
Mikhail Sholokhov

"Não tenhamos pressa, mas não percamos tempo."
José Saramago

"Veja como o tempo voa, e como a vida voa também."
Francesco Petrarca

"O sonho é que leva a gente para a frente. Se a gente for seguir a razão, fica aquietado, acomodado."
Ariano Suassuna

"O tempo é muito lento para os que esperam
muito rápido para os que têm medo
muito longo para os que lamentam
muito curto para os que festejam
mas, para os que amam, o tempo é eterno."
Henry Van Dyke

"Eu tenho um sonho: que um dia meus quatro filhos vivam num país onde não sejam julgados pela cor de sua pele, mas pelo seu caráter."
Martin Luther King Jr.

"Eu tenho um sonho: que um dia esta nação se erguerá e viverá o verdadeiro significado de seus princípios..."
Martin Luther King Jr.

"O tempo é o melhor autor; sempre encontra um final perfeito."
Charles Chaplin

"Falam que o tempo apaga tudo. Tempo não apaga, tempo adormece."
Rachel de Queiroz

"Não perca tempo. Já é mais tarde do que você imagina!"
Provérbio chinês

"Um homem que não se alimenta de seus sonhos, envelhece cedo."
William Shakespeare

"A falsa felicidade faz a pessoa seguir um mapa e a torna feia e presunçosa. A verdadeira felicidade faz a pessoa se tornar feliz e a faz transbordar sabedoria e compaixão."
Provérbio tailandês

"Se me dissessem que meu sonho nunca se concretizaria, eu responderia 'talvez', e seguiria meu caminho. Sou um experiente soldado da não violência, e tenho comprovações suficientes para sustentar minha fé. Portanto, tendo um amigo ou mais, ou nenhum, devo prosseguir em meu caminho."
Mahatma Gandhi

"Quem olha para fora, sonha. Quem olha para dentro, desperta."

Karl Jung

"Se podemos sonhar, também podemos tornar nossos sonhos realidade."

Walt Disney

"Amor não é olhar um ao outro, é olhar juntos na mesma direção."

Antoine de Saint-Exupéry

"Se o amigo é grande, sê um grande amigo."

Raimundo Lúlio

"Não é amigo aquele que alardeia a amizade: é traficante; a amizade sente-se, não se diz..."

Machado de Assis

"Quem tem um amigo, mesmo que um só, não importa onde se encontre, jamais sofrerá de solidão."
Amyr Klink

"A amizade é um amor que nunca morre."
Mario Quintana

"Coloque a amizade acima de qualquer preocupação do ser humano que possa imaginar!"
Marco Túlio Cícero

"Só é possível ensinar uma criança a amar, amando-a."
Johann Wolfgang von Goethe

"Tirar a amizade de nossa vida é como apagar o sol do nosso mundo."
Marco Túlio Cícero

"Não existe laço mais forte que o sofrimento suportado junto por verdadeiros e leais amigos."
Carl Hilty

"Fiz três pedidos pelo seu bem:
O meu primeiro pedido é pela
paz no mundo,
O segundo pedido é por
sua saúde,
E o terceiro pedido é que,
quando nos tornamos velhos,
possamos nos encontrar sempre."

Bo Letian

"A felicidade consiste das maiores emoções."

Ellen Key

"Quando a gente lhes fala [às pessoas adultas] de um novo amigo, elas jamais se informam do essencial. Não perguntam nunca: 'Qual é o som da sua voz? Quais os brinquedos que gosta? Será que ele coleciona borboletas?'. Mas perguntam: 'Qual é sua idade? Quantos irmãos tem? Quanto pesa? Quanto ganha seu pai?'"

Antoine de Saint-Exupéry

"Amar os outros é a única salvação individual que conheço: ninguém estará perdido se der amor e às vezes receber amor em troca."

Clarice Lispector

"Jovens devem abrir o coração amplamente e alcançar os outros com amizade."
Chou Enlai

"Se queres ser feliz amanhã, tenta hoje mesmo."
Liang Tzu

"Nada tem tanto peso no coração humano como a voz da amizade claramente reconhecida."
Jean-Jacques Rousseau

"A educação é o meio do avanço da humanidade em direção à realização de sua perfeição divina."
John Dewey

"A amizade duplica a felicidade e reduz a tristeza pela metade."
Friedrich Schiller

"A amizade é semelhante a um bom café; uma vez frio, não se aquece sem perder bastante do primeiro sabor."
Immanuel Kant

"Felicidade é a certeza de que a vida não está passando-se inutilmente."

Érico Verissimo

"Para conseguir a amizade de uma pessoa digna é preciso desenvolvermos em nós mesmos as qualidades que naquela admiramos."

Sócrates

"Pessoas com inteligência emocional alta não deixam ninguém limitar sua alegria."

Augusto Cury

"Um dos principais determinantes da felicidade humana é a felicidade dos outros."

Nicholas A. Christakis

"Um homem que passa sua vida sem esforço não é um verdadeiro homem. É a imagem oca de um homem. Ele passou pela vida mas não a viveu."

Francisco Otaviano

"Preocupar-se unicamente com a própria felicidade é egoísmo. Preocupar-se apenas com a felicidade dos outros é hipocrisia. A verdadeira felicidade é tornar-se feliz junto aos outros."
Daisaku Ikeda

"A felicidade aparece para aqueles que reconhecem a importância das pessoas que passam em nossa vida."
Clarice Lispector

"A felicidade de uma nação não é determinada por sua extensão territorial nem pelo número de habitantes. O fator decisivo é a riqueza espiritual de seu povo, a capacidade de se unir e trabalhar em cooperação como seres humanos e companheiros."
Manuel Esquivel

"Se você deseja encontrar a felicidade, faça o bem. A vida é uma rua de mão única e sem retorno. Portanto, se existe algo que pode fazer pelos outros, dê um passo à frente e seja voluntário. Se perder essa oportunidade, estará deixando escapar sua chance de ser feliz."
Elsie Tu

"Ninguém é responsável pelo meu fracasso. Ninguém é responsável pela minha felicidade."
Leandro Karnal

"Quando me apresento, eu grito em silêncio para o teto do auditório, para as cadeiras, o chão, as paredes e para o público. As cadeiras, as paredes e até mesmo o chão possuem vida. Quero infundir não apenas o público, mas tudo ao meu redor com o ritmo da felicidade e da paz."
Herbie Hancock

"Felicidade é uma condição da mente."
Mahatma Gandhi

"A alegria é sentida superando sofrimentos."
Ludwig van Beethoven

"A felicidade só é verdadeira quando compartilhada."
Christopher McCandless

"Ser humilde significa fazer o melhor em sua atual circunstância e trabalhar em harmonia com as pessoas que estão ao seu redor. A arrogância, por sua vez, é fazer aquilo que desejarem sem pensar em ninguém mais. A arrogância é um erro e lhes trará a infelicidade. A humildade é uma atitude correta e as conduzirá à felicidade."
Deng Yingchao

"A maior felicidade é quando no final do ano você se sente melhor do que no início."

Henry David Thoreau

"Toda mãe contém a filha em si mesma e toda filha, a mãe; toda mulher se projeta para trás, estendendo-se na mãe e para frente na filha."

Carl Gustav Jung

"Fico profundamente entristecido quando vejo jovens egoístas, habituados com o mal da sociedade pensando que há apenas pessoas famintas no mundo. Porque acredito que jovem é aquele com brilho no olhar, que busca sempre o crescimento e que é envolto pelo verde de esperança da juventude. Quero clamar aos jovens agora: 'Você não está só no mundo'. 'O mundo precisa exatamente de você para dias ainda melhores'. 'Seja a peça indispensável para fazer outras pessoas felizes.'"

Thiago de Mello

"Você sabe que encontrou a felicidade quando vive um momento que não quer que acabe."

Clóvis de Barros Filho

"Sempre vejo anunciados cursos de oratória. Nunca vi anunciado curso de escutatória. Todo mundo quer aprender a falar. Ninguém quer aprender a ouvir."

Rubem Alves

"O dinheiro não traz felicidade – para quem não sabe o que fazer com ele."
Machado de Assis

"A mulher é uma substância tal, que, por mais que a estudes, sempre encontrarás nela alguma coisa totalmente nova."
Leon Tolstói

"Se não há felicidade
no fundo do seu coração,
sejamos sábios, ricos ou nobres,
nunca haverá glorificação!
Nem tesouros nem prazeres
podem nos dar a felicidade
duradoura:
sim, é o coração
que nos torna certos ou
errados."
Robert Burns

"O livro é mais influente que um combate."
Honoré de Balzac

"Todos as pessoas que mantiveram a moral respeitaram as mulheres."
Jean-Jacques Rousseau

"Grande, grande, grande de verdade, muito mais do que imaginam, é a esfera da mulher."
Walt Whitman

"Lemos para compartilhar. Lemos para sonhar e para aprender a sonhar. A melhor maneira de começar a sonhar é por meio dos livros."
José Moraes

"A ingratidão é a mais elevada das desonestidades."
Sócrates

"O progresso social depende do progresso educacional."
John Dewey

"O livro é mais influente que um combate."
Honoré de Balzac

"Empatia é a chave para a sobrevivência humana."
Anita Nowak

"Educai as crianças, para que não seja necessário punir os adultos."

Pitágoras

"A mulher está muito mais envolvida com tudo que se relaciona à vida. Por meio do acúmulo de experiências, desenvolve a sensibilidade para perceber nas entrelinhas questões relevantes. Ela sabe da necessidade da união e do entendimento com as demais a fim de possibilitar o desenvolvimento de uma sociedade de paz e igualdade entre as pessoas."

Jane Addams

"Música é uma expressão da vida."

Herbie Hancock

"Se por força queremos dizer força bruta, então, realmente, a mulher é menos bruta que o homem. Se por força queremos dizer força moral, então, a mulher é imensuravelmente superior ao homem. Se a não-violência é uma lei do ser humano, o futuro depende das mulheres."

Mahatma Gandhi

"Na maioria dos países, as mulheres não esperam mais que os homens criem oportunidades para elas atuarem. Elas estão criando com suas próprias mãos. Essa tendência irá se fortalecer cada vez mais"

Anwarul K. Chawdhury

"O educador pleno de espírito de luta vencerá quaisquer dificuldades."

Mahatma Gandhi

"As mulheres são incomparavelmente mais pacifistas que os homens, pois elas possuem o instinto materno, que concebe e cria a vida, e por isso, jamais desejam o massacre, a matança. A natureza concedeu às mulheres uma missão que os homens não podem cumprir."

Richard Coudenhove-Kalergi

"Vamos lutar com a maior e mais sublime de nossas armas, ou seja, com a palavra."

Austregésilo de Athayde

"Por possuir o dom de gerar vidas e de cuidá-las no seu desenvolvimento, a mulher é essencialmente pacifista. Ela devota muito mais seus esforços pelo bem da sociedade e das gerações do presente e do futuro. Desse ponto de vista, a mulher é quem sustenta e une a sociedade humana"

Anwarul K. Chawdhury

"Na minha opinião, as mulheres são mais calmas e donas de si do que os homens. Os homens exaltam-se facilmente e são mais inseguros. As mulheres, devido à sua natureza materna, são mais capazes de encarar os sofrimentos com serenidade e conseguem superá-los. Os homens não sabem agir dessa forma. Eles se perturbam diante das dificuldades."

Anwarul K. Chawdhury

"A educação é a arma mais poderosa que você pode usar para mudar o mundo."

Nelson Mandela

"A gratidão é não só a maior das virtudes, mas a origem de todas as outras."

Marco Túlio Cícero

"Se não cultivarmos o hábito de ler livros, nosso cérebro e nossa mente ficarão improdutivos."

Brian Wildsmith

"Ninguém ignora tudo. Ninguém sabe tudo. Todos nós sabemos alguma coisa. Todos nós ignoramos alguma coisa. Por isso aprendemos sempre."

Paulo Freire

"A lembrança é uma forma de encontro."
Kahlil Gibran

"Dificuldades são meios para um novo progresso."
Florence Nightingale

"Escrever é o mais prazeroso dos trabalhos, e o mais trabalhoso dos prazeres; a coisa mais gostosa que uma pessoa pode fazer vestida."
Washington Olivetto

"Educação não transforma o mundo. Educação muda pessoas. Pessoas transformam o mundo."
Paulo Freire

"A educação mais importante é aquela que ensina aos jovens a dignidade da vida – um dom que partilhamos com aproximadamente seis bilhões de outros seres humanos e muitas outras espécies que habitam este planeta. Com a compreensão da dignidade da vida vem a responsabilidade individual e a coletiva para nutri-la e protegê-la."
David Krieger

"A causa [da ingratidão] será tanto uma opinião muito elevada de si próprio e a fraqueza moral que leva os mortais a admirarem a si próprios e suas ações, ou a cobiça, ou a inveja."

Sêneca

"É mais fácil quebrar um átomo do que um preconceito."

Albert Einstein

"Ninguém educa ninguém, ninguém educa a si mesmo, os homens se educam entre si, mediatizados pelo mundo."

Paulo Freire

"Dos diversos instrumentos do homem, o mais assombroso é, sem dúvida, o livro. Os outros são extensões de seu corpo. O microscópio, o telescópio é extensão da vista, o telefone é extensão da voz, temos o arado e a espada, extensão do braço. O livro é outra coisa: o livro é uma extensão da memória e da imaginação."

Jorge Luiz Borges

"A música procura nos transmitir sua animada mensagem até mesmo nas épocas mais difíceis, especialmente quando brota de suas profundas raízes."

Yehudi Menuhin

"Embora direcionada ao outro, na prática a gratidão faz bem, comprovadamente, a quem sente, já que além do bem-estar a curto e médio prazo ela favorece a capacidade de resiliência em situações difíceis de forma geral."
Rebecca Shankland

"Sugiro que leiam bons livros, pois a leitura é o único meio para enriquecer nossa mente e nosso coração."
Maria Teresa da Áustria

"O preconceito racial não é somente uma sombra sobre as pessoas de cor – é uma sombra sobre todos nós, e ela é ainda mais escura sobre aqueles que menos a percebem e permitem que seus efeitos malévolos continuem."
Pearl S. Buck

"Depois do silêncio, o que mais se aproxima de expressar o inexprimível é a música."
Aldous Huxley

"Os livros são poderosos instrumentos de transformação. E quanto mais interesse eu tiver, mais interessante eu fico."
Leandro Karnal

"Guarde seu celular! É muito difícil criar empatia e confiança na presença dele."

Frances Frei

"Há um modo de prolongar a vida facilmente sem depender da ajuda da medicina. Chama-se 'livros'."

Norman Cousins

"Quanto mais alto é o nível de orientação para a gratidão de uma pessoa, menos ela apresenta sintomas associados à ansiedade e à depressão ou vivencia sentimentos de solidão, inveja e frustração."

Sonja Lyubmirsky

"Embora direcionada ao outro, na prática a gratidão faz bem, comprovadamente, a quem sente, já que além do bem-estar a curto e médio prazo ela favorece a capacidade de resiliência em situações difíceis de forma geral."

Rebecca Shankland

"O que realmente importa é a vida interior do músico que cria a música. Por mais sofisticada que seja nossa técnica, se não desenvolvermos nossa vida em seu nível fundamental, será difícil criar uma canção que toque as pessoas."

Herbie Hancock

"O fim da esperança é o início da morte."
Charles de Gaulle

"A criança é alegria como o raio de sol e estímulo como a esperança."
Henrique Maximiano Coelho Netto

"Obstáculos não têm necessariamente que te parar. Se você se deparar com um muro, não dê as costas e desista. Descubra um jeito de escalá-lo, atravessá-lo, ou passar ao redor dele."
Michael Jordan

"Um texto para ser lido é um texto para ser estudado. Um texto para ser estudado é um texto para ser interpretado. Não podemos interpretar um texto se o lemos sem atenção, sem curiosidade; se desistimos da leitura quando encontramos a primeira dificuldade. [...] Se um texto às vezes é difícil, insiste em compreendê-lo. [...] Estudar exige disciplina. Estudar não é fácil porque estudar é criar e recriar e não repetir o que os outros dizem."
Paulo Freire

"Para expandir os elos do entendimento, é importante promover a empatia em seu próprio coração antes de mais nada."
Anwarul K. Chowdhury

"Os grandes sofrimentos agigantam a alma a proporções descomunais."

Victor Hugo

"Nenhum obstáculo pode me impedir. Todo obstáculo pode ser superado com esforços apaixonados."

Leonardo da Vinci

"Ter uma percepção acerca das questões morais, uma compreensão de questões filosóficas e, particularmente, uma posição quanto a questões políticas e algumas medidas econômicas.
Essa é a minha definição de uma pessoa bem instruída. Ela vai além da especialização das coisas que se relacionam não apenas ao estudo específico, mas à vida em si."

John Kenneth Galbraith

"Vocês assentaram junto comigo o alicerce desta escola e com sua amizade ajudaram-me a superar as dificuldades da época inicial do empreendimento. Vocês compartilharam comigo o peso da fundação com amor e perseverança. Se vocês não existissem, o meu empreendimento teria um fim pouco tempo depois da fundação. Vocês são os fundadores deste colégio!"

Johann Pestalozzi

"Reconhecer a importância do apoio alheio não é, de maneira alguma, incompatível com a consciência do valor dos esforços individuais. Um atleta, por exemplo, atribui seu sucesso à própria constância nos treinos, mas se possui elevado grau de orientação para a gratidão irá considerar também essencial para a vitória a contribuição das pessoas que o cercam: a família pela paciência, o time pelo apoio, até mesmo os rivais que o impulsionaram a melhorar."

Rebecca Shankland

"Não basta falar de paz. É preciso acreditar nela. E não basta acreditar nela. É preciso trabalhar por ela."

Eleanor Roosevelt

"A gratidão é a mais agradável das virtudes; não é, no entanto, a mais fácil.
Por que seria? Há prazeres difíceis ou raros, que nem por isso são menos agradáveis. Talvez sejam até mais. No caso da gratidão, todavia, a satisfação surpreende menos que a dificuldade. Quem não prefere receber um presente a um tapa? Agradecer a perdoar? A gratidão é um segundo prazer, que prolonga um primeiro, como um eco de alegria à alegria sentida, como uma felicidade a mais para um mais de felicidade. O que há de mais simples? Prazer de receber, alegria de ser alegre: gratidão. O fato de ela ser uma virtude, porém, basta para mostrar que ela não é óbvia, que podemos carecer de gratidão e que, por conseguinte, há mérito – apesar do prazer ou, talvez, por causa dele – em senti-la. Mas por quê? A gratidão é um mistério, não pelo prazer que temos com ela, mas pelo obstáculo que com ela vencemos. É a mais agradável das virtudes, e o mais virtuoso dos prazeres."

André Comte-Sponville

"Talvez, levantando a minha voz, eu possa ajudar a maior das causas — a bondade entre os homens e a paz na Terra."

Albert Einstein

"Se pensas que perderás, perderás.
Pois no mundo lá fora descobrirás
Que o sucesso com vontade se faz;
E que é o estado de espírito que o traz."

Lawrence E. Carter

"As pessoas mais inclinadas ao reconhecimento têm a capacidade de valorizar aspectos positivos e benefícios, mesmo das circunstâncias difíceis."

Rebecca Shankland

"Há muitos tipos de homens ingratos... Ingrato é o homem que nega ter recebido um benefício, quando ele realmente recebeu; ingrato é aquele que finge não ter recebido nada; e também é ingrato aquele que não retribui; mas o mais ingrato de todos é o homem que se esqueceu de um benefício."

Sêneca

"Se temos o sentimento de gratidão e nos esforçamos em retribuir aos outros, saberemos exatamente o que fazer e qual curso de ação tomar. A coragem e a sabedoria ilimitadas brotam de dentro de nós sem falta. As pessoas que têm gratidão brilham. Os ambientes cheios de gratidão prosperam."

Daisaku Ikeda

"A esperança é o bem mais valioso."

William Hazlitt

"O correr da vida embrulha tudo, a vida é assim: esquenta e esfria, aperta e daí afrouxa, sossega e depois desinquieta. O que ela quer da gente é coragem."

Guimarães Rosa

"Antes estar preparado e não ter oportunidade do que ter várias oportunidades e não estar apto a nenhuma."

Ditado popular

"Aprendi que coragem não é a ausência de medo, mas o triunfo sobre ele. O homem corajoso não é aquele que não sente medo, mas o que conquista esse medo."

Nelson Mandela

"A causa da derrota não se encontra no obstáculo ou no rigor das circunstâncias, está no retrocesso da determinação e na desistência da própria pessoa."
Daisaku Ikeda

"Fazer música é como cavar fundo nosso coração. Isso requer autoconfiança para expressar honestamente até mesmo a parte mais vulnerável do nosso ser. A expressão genuína das emoções é o que ecoa nos outros."
Herbie Hancock

"Sorte é estar pronto quando a oportunidade vem."
Oprah Winfrey

"A memória é uma mágica não desvendada. Um truque da vida. Uma memória não se acumula sobre outra, mas ao lado. A memória recente não é resgatada antes da milésima. Elas se embaralharam."
Marcelo Rubens Paiva

"O único caminho é esforço e mais esforço. Nunca desistir, não importando o tamanho do desafio e seguir em frente na busca por respostas, confiantes de que podemos vencer no final."
Linus Pauling

"Enquanto o amor pesar
mais que o mal na balança,
enquanto existir pureza
no olhar de uma criança,
enquanto houver um abraço,
há de haver esperança.
Enquanto nosso perdão
for mais forte que a vingança,
enquanto se acreditar
que quem acredita alcança,
enquanto houver ternura,
há de haver esperança."

Bráulio Bessa

"O presente é a sombra que se move separando o ontem do amanhã. Nela repousa a esperança."

Frank Lloyd Wright

"Os obstáculos que enfrentamos são um estímulo para a mudança, para provocar reações e, por isso, são oportunidades de progresso."

John Dewey

"A tarefa não tem mérito se não houver um grande interesse em triunfar sobre os obstáculos."

Charlotte Brontë

"Quando você quer alguma coisa, todo o universo conspira para que você realize o seu desejo."

Paulo Coelho

"A provação vem, não só para testar o nosso valor, mas para aumentá-lo; o carvalho não é apenas testado, mas enrijecido pelas tempestades."

Lettie Cowman

"Bens perdidos — perdas pequenas!
Pense um pouco e adquira outros novos.
Mas a honra perdida é outra coisa.
Essa, na verdade, é perda valiosa.
Se adquirir boa reputação
As pessoas mudarão de opinião.
Coragem perdida — perda total!
É preferível jamais ter nascido!"

Johann Wolfgang von Goethe

"Creio que todos nós devemos entender, como pais e como líderes, como jornalistas..., que a menos que tenhamos problemas em nossa vida, não podemos compreender, não podemos desenvolver a persistência, não podemos experimentar a felicidade... não podemos desenvolver nosso caráter e sabedoria. Creio que sejam os líderes que devem de alguma forma transmitir isso"

Martin Seligman

"O propósito da música não é apenas satisfazer o artista, mas transmitir esperança às pessoas. A música deve fazer as pessoas sentirem que a vida é maravilhosa — deve inspirá-las e encorajá-las a acreditar que podem realizar algo grandioso."

Herbie Hancock

"Muitas vezes, recuo, caio, paro, corro contra o muro de obstáculos ocultos, perco a calma, recobro-a e melhoro. Eu me arrasto, consigo avançar um pouco, sinto-me encorajada, meu desejo aumenta, escalo mais alto e começo a enxergar a vastidão do horizonte. Cada esforço é uma vitória!"

Helen Keller

"O melhor exercício para manter a memória é a leitura."

Ivan Antonio Izquierdo

"Onde existe coragem, existe esperança."

Públio Cornélio Tácito

"O segredo e a maior satisfação na vida é começar um novo dia com fé e coragem para fazer deste o melhor de todos os dias."

Pearl Buck

"A coragem é a primeira das qualidades humanas, porque garante todas as outras."
Aristóteles

"A verdadeira coragem é
Trabalhar diariamente
Em prol de outra pessoa.
A verdadeira coragem é
Acreditar no futuro
Sem esperar
Recompensas ou elogios."
Hazel Henderson

"Quando me for, levarei um pouco de ti e deixarei um pouco de mim."
Charlie Chaplin

"Os seres queridos que perdemos não repousam debaixo da terra, mas o levamos no coração."
Alexandre Dumas

"Quem fica na memória de alguém não morre."
Herbert José de Sousa

"A saudade é a memória do coração."
Henrique Maximiano Coelho Netto

"Devemos ter coragem em nossas convicções, independentemente do que aconteça. Essa coragem nasce da força do caráter."
Lou Marinoff

"A verdadeira viagem se faz na memória."
Marcel Proust

"É fato que, com o passar da idade, as pessoas têm mais dificuldade para lembrar fatos passados, mas essa dificuldade é mais intensa em relação aos fatos recentes, enquanto fatos remotos marcantes, ainda que não utilizados com frequência, podem ser lembrados facilmente, inclusive em detalhes."
Drauzio Varela

"Jamais se esforce para esquecer o que é inesquecível."
Caio Fernando Abreu

"A vida é toda ela memória, exceto por um momento presente indo embora tão rápido que você mal percebe ele ir."
Tennessee Williams

"Todos nós temos nossas máquinas do tempo. Algumas nos levam pra trás, são chamadas de memórias. Outras nos levam para frente, são chamadas sonhos."
Jeremy Irons

"Memória lembra dunas de areia, grãos que se movem, transferem-se de uma parte a outra, ganham formas diferentes, levados pelo vento."
Marcelo Rubens Paiva

"O efeito da memória é levar-nos aos ausentes, para que estejamos com eles, e trazê-los a eles a nós, para que estejam conosco."
Padre Antônio Vieira

"Fisicamente, habitamos um espaço, mas, sentimentalmente, somos habitados por uma memória."
José Saramago

"Que coisa maluca a distância, a memória. Como um filtro, um filtro seletivo, vão ficando apenas as coisas e as pessoas que realmente contam."
Caio Fernando Abreu

"O tempo pretérito se torna presente pela memória, e o futuro pela nossa imaginação."
Marquês de Maricá

"Nenhum homem é suficientemente rico para comprar o seu passado."
Oscar Wilde

"Aconteça o que acontecer, nada apaga da memória a criança que um dia fomos."
Alexandre Dumas

"A gratidão é a memória do coração."
Joseph Wood Krutch

"A casa da saudade chama-se memória: é uma cabana pequenina a um canto do coração."
Henrique Maximiano Coelho Netto

"A memória guardará o que valer a pena. A memória sabe de mim mais que eu; e ela não perde o que merece ser salvo."
Eduardo Galeano

"Eu carrego comigo uma caixa mágica onde eu guardo meus tesouros mais bonitos. Tudo aquilo que eu aprendi com a vida, tudo o que eu ganhei com o tempo e que vento nenhum leva. Guardo as memórias que me trazem riso, as pessoas que tocaram minha alma e que, de alguma forma, me mudaram pra melhor. Guardo também a infância toda tingida de giz. Tinha jeito de arco-íris a minha."

Caio Fernando Abreu

"Não há avanço sem história.
Não há experiência sem memória."

Bernardo Bessler

"A história é a caixa-forte da memória."

Carlo Dossi

"A vida seria impossível se tudo se recordasse. O segredo está em saber escolher o que se deve esquecer."

Roger Martin Du Gard

"Para mim o que me causa mais impacto ao trabalhar com a memória para escrever é descobrir-se duas coisas: que uma pessoa recorda muito mais do que pensava e que recorda coisas que julgava completamente esquecidas."

José Saramago

"Muita coisa que ontem parecia importante ou significativa amanhã virará pó no filtro da memória. Mas o sorriso [...] ah, esse resistirá a todas as ciladas do tempo."
Caio Fernando Abreu

"Faz algo que valha a pena ser recordado mais tarde."
Elvis Presley

"Não há imortalidade que não seja a lembrança que deixamos impressa na memória e na mente da Humanidade!"
Napoleão Bonaparte

"Um acontecimento vivido é finito, ou pelo menos encerrado na esfera do vivido, ao passo que o acontecimento lembrado é sem limites, porque é apenas uma chave para tudo que veio antes e depois."
Walter Benjamin

"Quando se gosta da vida, gosta-se do passado, porque ele é o presente tal como sobreviveu na memória humana."
Marguerite Yourcenar

"Navego pela memória sem margens."
Cecília Meireles

"Um dia já não estaremos aqui para dizermos que somos isto ou que somos aquilo. Seremos apenas aquilo que disserem sobre nós, ou o que lembrarem de nós – se lembrarem de nós..."
Augusto Branco

"O livro é uma extensão da memória e da imaginação."
Jorge Luis Borges

"A vantagem de ter péssima memória é divertir-se muitas vezes com as mesmas coisas boas como se fosse a primeira vez."
Friedrich Nietzsche

"A memória permite inúmeras licenças poéticas. Ela omite alguns detalhes; outros são exagerados, de acordo com o valor emocional envolvido no tema, porque a memória está assentada predominantemente no coração."
Tennessee Williams

"Embora seja curta a vida que nos é dada pela natureza, é eterna a memória de uma vida bem empregada."
Marco Túlio Cícero

"As razões pelas quais vivemos nos distanciaram das finalidades pelas quais vivemos. Nosso poder científico se sobrepôs ao nosso poder espiritual. Temos guiado mísseis e desencaminhado homens."

Martin Luther King Jr

"Uma pessoa pode ter uma infância triste e mesmo assim chegar a ser muito feliz na maturidade... Da mesma forma pode nascer num berço de ouro e sentir-se enjaulada pelo resto da vida."

Charles Chaplin

"Não despreze a tradição que vem de anos longínquos; talvez as velhas avós guardem na memória relatos sobre coisas que alguma vez foram úteis para o conhecimento dos sábios."

J.R.R. Tolkien

"Existem apenas dois segredos para manter a lucidez na minha idade: o primeiro é manter a memória em dia. O segundo eu não me lembro."

Oscar Niemeyer

"O tempo é uma superfície oblíqua e ondulante que só a memória é capaz de fazer mover e aproximar."

José Saramago

"Eu faço histórias para contar histórias. Na minha infância ouvi muitas e até hoje meus avós me contam algumas, ou melhor, me ensinam a ser um contador de histórias."

Mauricio de Sousa

"Somos a memória que temos e a responsabilidade que assumimos.
Sem memória não existimos, sem responsabilidade talvez não mereçamos existir."

José Saramago

Memória

"Amar o perdido
deixa confundido
este coração.

Nada pode o olvido
contra o sem sentido
apelo do Não.

As coisas tangíveis
tornam-se insensíveis
à palma da mão

Mas as coisas findas
muito mais que lindas,
essas ficarão."

Carlos Drummond de Andrade

"E, quando o presente é feio e o futuro incerto, o passado vem-nos sempre a memória como o tempo em que fomos felizes."
Manuel de Fonseca

"É por chover que o arco-íris surge."
Ditado havaiano

"As pessoas não serão capazes de olhar para a posteridade, se não tiverem em consideração a experiência dos seus antepassados."
Edmund Burke

"Não deixe que o solo de sua memória se transforme numa terra de pesadelos, mas num jardim de sonhos."
Augusto Cury

"Para quem tem memória é fácil lembrar, para quem tem coração é difícil esquecer."
William Shakespeare

"Faz de tua vida mesquinha
um poema.
E viverás no coração dos jovens
e na memória das gerações que hão de vir.
Esta fonte é para uso de todos os sedentos.
Toma a tua parte."

Cora Coralina

Quem Sabe?

"O corpo e a mente
têm biografias separadas,
cada um sua memória própria,
seu próprio jogo de charadas,
Meu corpo tem lembranças
– cheiros, tiques, andanças –
que a mente não registrou
e o corpo não tem as marcas
de metade do que a mente passou."

Luis Fernando Veríssimo

"Eu quero a memória acesa depois da angústia apagada."

Cecília Meireles

"O intervalo de tempo entre a juventude e a velhice é mais breve do que se imagina. Quem não tem prazer de penetrar no mundo dos idosos não é digno da sua juventude..."

Augusto Cury

"Além das aptidões e das qualidades herdadas, é a tradição que faz de nós aquilo que somos."

Albert Einstein

"Uma história é feita de muitas histórias. E nem todas posso contar."

Clarice Lispector

"Do novelo emaranhado da memória,
da escuridão dos nós cegos,
puxo um fio que me aparece solto.
Devagar o liberto, de medo que se desfaça
entre os dedos.
É um fio longo, verde e azul,
com cheiro de limos,
e tem a macieza quente do lodo vivo.
É um rio.
Corre-me nas mãos, agora molhadas."

José Saramago

"Com harmonia, até mesmo as pequenas coisas desabrocham, ao passo que mesmo as maiores são destruídas pela discórdia."

Caio Salústio Crispo

"A saudade é o que faz as coisas pararem no tempo."

Mario Quintana

"Não há nada *impossível*; há só vontades mais ou menos enérgicas."

Júlio Verne

"Pessoas não são robôs. Quando se sentem respeitadas e reconhecidas com elogios como 'Foi graças aos seus dedicados esforços', elas manifestam força."

George Ariyoshi

"O que alguém pode imaginar, outro, algum dia, será capaz de concretizar."

Júlio Verne

"Para o tolo, o envelhecimento é um inverno amargo; para o sábio, uma estação dourada."

Ditado popular

"Quando um homem passa toda a vida à beira do precipício, os perigos mais urgentes são de pouca importância."
David Rossi

"Uma característica básica de uma pessoa sem honra é, entre outras, a ingratidão."
Carl Hilty

"Um coração alegre é um excelente remédio."
Antigo ditado europeu

"Vejo o passado de minha vida como um bom trabalho diário que foi realizado e do qual sinto satisfação. Fui feliz, não conheci nada melhor e tirei o máximo proveito do que a vida tinha a me oferecer. Somos nós quem fazemos a vida, sempre foi e sempre será."
Anna Mary Robertson Moses

"Aquele que tomba na luta pela liberdade
Não morre — é chorado
Pela terra e pelos céus, pela natureza e pelas criaturas.
E os trovadores o eternizam nas canções.
Não se esqueçam da primavera!"
Khristo Botev

"É comum ver os homens zombarem do que não compreendem."

Johann Wolfgang von Goethe

"Quando a altura é grande. A queda também deve ser grande."

Friedrich Schiller

"O bem e o mal parecem estar em eterna competição e fazem cabo de guerra no palco da comédia humana."

René Dubos

"As pessoas grandiosas procuram tornar seus amigos também grandiosos."

Eurípides

"Você não terá interesse no que está fazendo se não tiver alguns ideais — algumas esperanças na melhoria da sociedade, alguma alegria em fazer os outros felizes, alguma coragem para enfrentar os obstáculos e progredir. Esses ideais apóiam-se essencialmente em seu trabalho escolar."

Alfred North Whitehead

"A primeira coisa que um professor tem a fazer ao entrar na sala de aula é fazer com que a classe se sinta feliz por estar ali."

Alfred North Whitehead

"Um professor covarde nunca consegue fazer com que seus alunos se tornem corajosos."

Mahatma Gandhi

"Você não pode ter medo de falhar. É a única maneira de obter sucesso, você nem sempre terá sucesso."

LeBron James

"Se o bem fosse recompensado pela perpetuação de seu nome, então a recompensa do mal seria o esquecimento."

Burton Watson

"Se as pessoas falarem e agirem com base em ideais positivos, a alegria irá segui-las assim como a sombra segue o corpo."

Leon Tolstói

"Se encontrássemos algo que tratasse da permanência em meio à mudança, seria o poder duradouro do bem. O mal destrói aquele que o pratica, mas o bem perdura, graças aos filhos do pai, aos súditos do governante, aos discípulos do professor."

Burton Watson

"Pessoas orgulhosas são cheias de razões acerca de si próprias."

Madame de Stäel

"Há um indescritível alvorecer numa velhice radiante."

Victor Hugo

"Dizem que a felicidade sempre nos ilude. Isso vale para a felicidade que nos foi entregue, pois não há felicidade assim. Mas a felicidade que construímos para nós próprios não é ilusória. Ela é um processo de aprendizado e a pessoa nunca para de aprender."

Alain (Emile Chartier)

"Nós devemos permanecer fortes. Não devemos deixar de ter esperança; nós conseguimos vencer."

Rosa Parks

"Nunca é cedo demais para tentar [buscar soluções pacíficas]; e nunca é tarde demais para conversar."
John F. Kennedy

"Deveríamos nos lembrar, por meio do vigor dos jovens ao nosso redor, do nosso vigor juvenil de outrora e permitir que a energia deles nos revivescessem."
Platão

"Amo os homens que conseguem sorrir diante dos problemas, que conseguem ganhar forças nas dificuldades e conseguem ser corajosos mesmo sendo difamados."
Thomas Paine

"Quanto mais difíceis as circunstâncias, mais condições teremos para forjar a nós mesmos e assim poderemos demonstrar nossa força e capacidade."
Chu Enlai

"Se você não abrir o seu coração, o de outros permanecerá fechado para você."
Jean Jacques Rousseau

"Pois, na minha opinião, ser vitorioso não significa que eu triunfei mas, sim, que a ideia triunfa sobre mim, mesmo que isso também signifique que eu seja sacrificado."
Soren Kierkegaard

"Quero ser lembrada como uma pessoa que enfrentou a injustiça, que quis um mundo melhor para os jovens. [...] Continuarei a lutar enquanto as pessoas estiverem sendo oprimidas."
Rosa Parks

"Se essa jornada [em prol da paz] tem milhares de quilômetros, ou ainda mais, deixem a história registrar que nós, nesta terra, nesta época, demos o primeiro passo."
John F. Kennedy

"Os jovens são a única esperança viva que as pessoas podem ter."
N. F. S. Grundtvig

"Há muito tempo anseio por conhecer uma 'garota moderna', aquela garota independente e altiva que tem toda minha simpatia! Aquela que, feliz e autoconfiante, caminha pela vida alegre e vigilante, cheia de entusiasmo e de caloroso sentimento; que não trabalha somente por seu bem-estar e felicidade, mas, sim, pelo bem maior de toda a humanidade."
Raden Adjeng Kartini

"Enquanto nosso espírito permanecer incólume, ele não ficará adormecido. Um espírito adormecido é como um rio sem correnteza. Nós chamamos um rio assim de rio seco."

Karel Capek

"Poderá ser um fato realmente duro e difícil, mas não tem importância se ele acontecer durante o caminho correto, na subida ou na descida da montanha, por ser um passo rumo à verdadeira felicidade."

Kenji Miyazawa

"O que é o sucesso? Eu não o encontro nos aplausos recebidos no teatro, mas, sim, na realização de um ideal."

Anna Pavlova

"As pessoas sempre foram a encarnação da justiça."

Chu Enlai

"Ninguém pode deixar de ser extremamente feliz se confiar somente em si próprio e deixar todas as suas posses dentro de si mesmo."

Marco Túlio Cícero

"Feliz aquele que foi ferido por milhares de espinhos, / E por fim encontrou a flor de sua alma e seu espírito."
Alisher Navoi

"O que melhora o atendimento é o contato afetivo de uma pessoa com outra. O que cura é a alegria, o que cura é não ter preconceito."
Nise da Silveira

"Plantas se desenvolvem conforme sua cultivação, e os homens conforme sua educação."
Jean-Jacques Rousseau

"Se a não violência é, de fato, uma doutrina que deve ser defendida pela humanidade, então encontraremos mulheres tomando posse sobre o estatuto dos vigaristas no futuro."
Mahatma Gandhi

"Tenha uma atitude resoluta, sem se perder no tempo"
Friedrich Wilhelm Nietzsche

"As guerras modernas fazem muitas pessoas infelizes enquanto duram e não conseguem criar nenhuma pessoa feliz depois do seu término."
Johann Wolfgang von Goethe

"A perseguição infame que você sofreu aumentará sua fama."

Voltaire

"Quando tentar fazer algo virtuoso, sempre terá inimigos. [...] Não há dúvida de que a inveja dos outros atingirá você."

Voltaire

"Os seres humanos conseguem manifestar habilidades e competências extraordinárias quando se concentram em objetivos nobres tais como liberdade, paz e bem-estar das pessoas."

Pérez Esquivel

"Não fui branda até então, mas agora sou tão dura quanto o aço temperado."

Rosa Luxemburgo

"Eu sou um ser humano. Isso significa que devo ser um batalhador."

Johann Wolfgang von Goethe

"Jamais quero ver novamente as pessoas tratando outros seres humanos com tamanha brutalidade. A educação que ensina o respeito pela dignidade da vida é indispensável para evitar que esse tipo de atrocidade se repita."
Laureana Rosales

"Apeguem-se ao presente. Cada situação — ou melhor, cada momento — é de valor infinito."
Johann Wolfgang von Goethe

"Qualquer pessoa movida pelos sentimentos altruístas de fundar algo grandioso cuida para criar herdeiros [para darem continuidade à sua obra]."
Friedrich Wilhelm Nietzsche

"Nada é mais poderoso do que a fala sincera."
Provérbio filipino

"Eu percebia com frequência que a esperança é, acima de tudo, um estado de espírito, e que, como tal, nós a temos ou não, e que isso não depende da situação ao nosso redor."
Václav Havel

"A sinceridade e a convicção fazem das pessoas dignas de ser valorizadas."

Johann Wolfgang von Goethe

"Somente a alegria e o bom senso lhe trarão lucro final."

Johann Wolfgang von Goethe

"O homem benevolente nunca se preocupa; o homem sábio nunca fica indeciso; o homem corajoso nunca tem medo."

Confúcio

"Enfrentarei meu destino com coragem, sem nunca deixar que ele me aniquile. Oh! é tão glorioso viver mil vezes mais!"

Ludwig van Beethoven

"Se você der o primeiro passo, o segundo será mais fácil. Se alguém tomar a liderança, não faltará quem o siga."

Ba Jin

"Aquele que brinca com a vida
Nunca prosperará
Aquele que não consegue controlar a si mesmo
Sempre será como um escravo"

Johann Wolfgang von Goethe

"O desejo de servir às pessoas, acrescentando algo para o bem-estar da humanidade, é um dos aspectos essenciais da vida."

Ralph Waldo Emerson

"Assim que você confiar em si mesmo, você saberá como viver."

Johann Wolfgang von Goethe

"As pessoas precisam de pessoas."

Ditado turco

"A curiosidade está tão relacionada à atenção, quanto a atenção está relacionada à memória."

Richard Whately

"As forças que se associam para o bem não se somam, se multiplicam."

Concepción Arenal

"A associação multiplica sua força centenas de vezes."
Giuseppe Mazzini

"Os homens de boa-vontade marcharão juntos e conhecerão sua própria força. Com o poder que possuímos, quem pode nos deter ou sequer desacelerar nossos passos."
Thomas Paine

"Não podemos saber quantos milagres podemos produzir na nossa vida e na dos outros quando fazemos o máximo pelos outros."
Hellen Keller

"O futuro não existe no futuro. Pelo contrário, ele nasce somente por meio de nossas ações no presente, e se desejamos realizar algo no futuro, devemos agir com esse propósito agora."
Wangari Maathai

"A leitura de um bom livro é um diálogo incessante: o livro fala e a alma responde."
André Maurois

"Cultura é o que fica depois de se esquecer tudo o que foi aprendido."

André Maurois

"O que vale na vida não é o ponto de partida e sim a caminhada. Caminhando e semeando, no fim, terás o que colher."

Cora Coralina

"Sim, sem dinheiro não se vive, mas só com dinheiro não se vive."

Mario Sérgio Cortella

"A resignação é algo parado e sem energia."

Pearl Buck

"O futuro do mundo depende da capacidade de promover o diálogo."

Felix Unger

"A esperança definitivamente não é o mesmo que otimismo. Não é a convicção de que algo acabará dando certo, mas a certeza de que algo faz sentido, independentemente do resultado que tenha."

Václav Havel

"Veracidade é essencial a qualquer diplomacia eficiente."
Sir Harold Nicolson

"Somente a fé e a fidelidade tornam os homens dignos de estima."
Johann Wolfgang von Goethe

"A felicidade é como a primavera, que é o aspecto original do coração."
Issai Sato

"Um país é criado pelo seu povo. Não é feito de terra, mas pelo coração de seu povo. É somente pelo brilho de seu povo que um país se distingue."
Rabindranath Tagore

"Conhecer outras pessoas é um treinamento para o espírito."
Marquês de Vauvenargues

"A palavra dita é como uma abelha: tem mel e tem ferrão."
Theodor M.R. von Keller

"Nós precisamos aceitar o outro. Precisamos tentar enxergar os fatos do ponto de vista do outro... Para chegarmos à verdade, um oponente é mais importante do que aquele que concorda conosco."

Karl Jaspers

"Uma palavra posta fora do lugar estraga o pensamento mais bonito."

Voltaire

"Sempre esteja cheio de disposição, mesmo em meio à adversidade."

Johann Gottfried von Herder

"Aqueles que montam uma armadilha para os outros estão montando uma armadilha para si mesmos."

Jean de La Fontaine

"Eu admiro aqueles que nunca desistem, não importando que adversidades surjam no caminho — pessoas que, em situações que fariam com que tivessem vontade de fugir, não só despertam a coragem para responder ao desafio como também inspiram os outros e fazem com que ajam da mesma forma."

Abdurrahman Wahid

"A palavra foi dada ao homem para explicar seus pensamentos, e assim como os pensamentos são os retratos das coisas, da mesma forma nossas palavras são retratos de nossos pensamentos."
Molière

"Palavra puxa palavra, uma ideia traz outra, e assim se faz um livro, um governo, ou uma revolução, alguns dizem mesmo que assim é que a natureza compôs as suas espécies."
Machado de Assis

"Como são escorregadias as palavras, que uma vez pronunciadas ou escritas, logo nos obrigam a enunciar outras, a fim de esclarecermos as primeiras, e assim por diante."
Sérgio Sant'Anna

"Temos ideias, mas vivemos baseados em nossas crenças. Nossas crenças já estão operando nas profundezas de nossa vida quando começamos a pensar em algo."
José Ortega y Gasset

"Todos os ingratos acabam na miséria."
Jean de La Fontaine

"Vocês precisam agora de coragem. Permitam que seu coração seja forte."

Públio Virgílio Maro

"Desde tempos imemoriais, as pessoas humildes sofrem por causa das imbecilidades das pessoas importantes e poderosas."

Jean de La Fontaine

"O futuro dependerá do que realizamos no presente."

Mahatma Gandhi

"Meu país é rico em minerais e pedras preciosas que se encontram em seu solo, mas eu sempre soube que nossa maior riqueza está nas pessoas, que são mais puras e refinadas do que os mais puros diamantes."

Nelson Mandela

"Polir a si próprio é mais importante que qualquer outro objetivo na vida."

Leon Tolstói

"A estrada da vida é uma estrada do avanço."

Lu Xun

"Quando as pessoas despertam para a sua verdadeira missão na vida, podem vencer qualquer desafio."
Leon Tolstói

"Não importa que a escuridão encubra nossos pensamentos, que infortúnios aflijam a sociedade, que crimes violem a moral, o desejo [da humanidade] de se tornar melhor sempre se erguerá acima dessas lanças de ferro."
Lu Xun

"Jovens de hoje, agora é a vez de vocês. Façam de nós o seu trampolim e avancem ainda mais. Sejam mais grandiosos e ainda mais felizes que nós!"
Romain Rolland

"Poucas coisas positivas são solitárias."
Martin Seligman

"Uma vida plena é longa, um dia cheio traz sono profundo, e uma vida realizada traz uma morte tranquila."
Leonardo Da Vinci

"Quanto mais escura a noite, mais próximo o alvorecer."
Ditado popular